我的古代科学家朋友

墨子的故事

MO ZI DE GU SHI

彩绘·有声版

徐鲁 著 书小宇 绘

山东文艺出版社

致小读者

扫码免费听全书

墨子生活的年代,离今天是多么遥远啊!是呀,是那样的遥远呢。

墨子,名翟(dí),生活在我国古代春秋末期、战国初期,是一位杰出的哲学家、科学家、军事家和教育家,是古代诸子百家中墨家学派的创始人,也被后人尊称为"科圣"。

可惜的是,墨子的生卒年至今尚无定论。他究竟属于东周列国中的哪个国家,如今也难以明确论断。有人说他是宋国人,还说墨子是宋国贵族的后代。持这种论点的人认为,墨子的先祖是春秋时期宋国贵族目夷,他

是一位著名的政治家和军事家，曾任宋国的左师。这是有着相当高地位的执政官员。目夷去世后，他的儿子公孙友继为左师。后来，公孙友的儿子鱼石也担任了左师。

约公元前576年，宋国贵族之间发生了动乱，鱼石遭到排挤和打击，只好出走避难，逃到楚国。楚国便派人攻打宋国，占领彭城，将鱼石等人安置在那里。没过几年，宋国会同晋国等诸侯国一起围攻彭城。为了保命，鱼石等人只好向晋国投降，随后被安置在晋国一个叫瓠丘的地方。从此，墨子的先祖便在晋国定居下来。因为这件事，古代历史上有"墨氏迁晋"的说法。据一些学者研究推测，后来，墨氏家族中的一支，迁徙到了小邾国（部分区域在今山东滕州境内），并且由原本的贵族渐渐沦为平民。

据清代学者孙诒让考证，墨子约出生于公元前468年。20世纪90年代，据张知寒教授考证，墨子出生在小邾国一个名为"滥"的地方。因为出身底层，家庭贫困，墨子小时候当过牧童，还学过木工。不过，稍大

一点后,他也受到了一定的文化教育。所以他后来自称"贱人",也就是从下层起来的"士"。

今天,滕州人都很自豪地将墨子视为古代滕州最负盛名的人物,尊其为家乡名人之首。滕州也被认为是墨子故里。

根据考古发现,滕州被认为是中华民族最早的文明发源地之一。除了墨子,中国古代杰出的工匠和发明家、被中国的工匠艺人们尊为"祖师"的鲁班,还有人们熟悉的奚仲、孟尝君、毛遂等历史人物,都是古代滕州人。

墨子一生的言行,被他的门徒以及后来的学者们记录下来,编撰成为《墨子》的一部分。《墨子》是墨子学说的资料总集。《汉书·艺文志》里记载,《墨子》共有七十一篇,但现在仅存五十三篇。

墨子的学说被后人称为"墨家学说",墨子自然就是墨家学说的创始人。墨子的所有弟子和墨家学派的成员,当时都被尊称为"墨者"。墨子和他的学说,在中国古代诸子百家中是极其重要的。墨子活动的年代略晚

于孔子，他所创立的墨家学派和孔子所创立的儒家学说一样，在先秦时期都有着极大的影响力。

作为思想家、哲学家、军事家，墨子在治国理政、国防、认识论、逻辑学等方面，都有着清晰的观点，提出了"兼爱""非攻""尚贤""尚同""非命""节用"等主张。尤其是"兼爱"和"非攻"的主张，是墨家学说的核心。意思是说，天下人都应该抱持大爱之心，相亲相爱，不应该发动以强凌弱的战争。中国近代革命家、思想家孙中山就采纳了墨子的"兼爱"的观念，并将"大同"理念作为自己民主思想的基础。

作为古代杰出的科学家，墨子创立了以几何学、物理学、天文学、运动学为突出成就的一整套科学理论。

比如对宇宙的认识，墨子认为，宇宙是一个连续的整体，个体或局部都是由这个统一的整体分出来的，都是这个统一整体的组成部分。正是从这样的宇宙观出发，墨子建立了"时空"的概念。

他把时间定名为"久"，把空间定名为"宇"，还明确了"久"和"宇"的含义："久"包括古、今、朝、

暮等所有时间；"宇"包括东、西、中、南、北等所有方向和空间。他认为，无论是时间还是空间，都是连续的和不间断的，但时空又存在着有限与无限、有穷与无穷的问题。墨子认为，时空既是有穷的，又是无穷的。相对于整体来说，时空是无穷的；相对于局部来说，时空却是有穷的。

　　为此，他还把构成连续、不间断时空的单元命名为"始"和"端"。"始"是时间中不可再分割的最小单位；"端"是空间中不可再分割的最小单位。连续的、不间断的、无穷无尽的时空，就是由这些最小的单元构成的，无穷中包含着有穷。用今天的眼光看，这仍然是一套科学的时空理论。

　　在数学方面，墨子也提出了一些科学的概念。比如"倍"的概念，墨子提到"倍，为二也"，"倍"即原数加一次或原数乘以二，二尺就是一尺的"倍"；比如"同长"的概念，墨子提到"同长，以正相尽也"，即两个物体的长度正好互相对应、完全相等；又如"平"的概念，墨子提到"平，同高也"，意思是同样的高度为

"平"；再如"中"的概念，墨子提到"中，同长也"，物体的中心，就是与物体表面距离都相等的那个点；还有"圆"(《墨子》里写作"圜")的概念，墨子提到"圜，一中同长也"，意思是从圆心到圆上各点的距离都相等。在墨子出生之前，圆规已经出现并得到了应用，但对"圆"做出精确的定义，墨子是首创者。

墨子还定义了"正方形"，认为四个角都是直角、四条边长度相等的四边形就是正方形。用直角曲尺可以绘制和检验正方形。可见，墨子对"平"与"圆"等数学概念的定义，与西方欧几里得几何学中的相关定义几乎完全一致。

《墨子》一书中还有墨子对光学的见解。墨子比较清晰地说明了光与影的关系，还有对小孔成像及各种镜面反射成像的认识。

作为古代的一位大科学家，墨子被今人尊称为"科圣"，是当之无愧的。

仅以中国当代量子通信卫星研究领域为例。著名量子物理学家潘建伟院士和他率领的中国量子研究团

队——"梦之队"——近一二十年来的研究成果,使我们国家在量子通信方面走在了世界的前列,甚至成为这个领域的领跑者。这个团队研制出来的世界第一颗量子科学实验卫星,就被命名为"墨子号"。

除了把量子科学实验卫星取名为"墨子号"外,潘建伟院士还发起了墨子沙龙;早前有一个专门邀请国际知名科学家和学者来进行学术交流与访问的项目,也被命名为"墨子讲坛"。所有这些,无不表达了中国量子通信科学研究界对"科圣"墨子的崇仰与热爱。

亲爱的小读者们,现在请跟我来,我们一起回到遥远的古代,去追寻墨子留下的久远的遗迹和智慧……

墨子
的故事

目录

致小读者	1
墨突不黔	1
游学求知	7
游说列国	19
舌战对手	29
为人师表	39
深明大义	49
以理服人	55
攻守较量	65
苦口良药	81
兼爱止战	89
舍利求义	99
真理永存	107

墨子的故事

墨突不黔

孔席不暖墨突不黔

扫码听本篇

说起墨子，有的读者可能顿时会想到"墨突不黔"这个成语。与这个成语连在一起的另一个成语，叫"孔席不暖"。

这两个成语，都是什么意思呢？

"孔席不暖"的主人公是孔子，指的是孔子忙于宣传和推行自己的学说，一生中到处奔走，每到一处，还没等把席子坐暖，就又起身急匆匆地赶往别的地方，继续讲学。

"墨突不黔"的主人公就是墨子。突，烟囱的意思；黔，就是苍黑的颜色。像孔子一样，墨子为了推行"兼爱""非攻"等墨家学说，也是

东奔西走,每至一地,连口热水都来不及喝,烧火做饭的烟囱尚未被熏黑,就又起身赶往下一个地方了……

后来,人们就用这两个成语形容事情繁忙、到处奔走的人。

伴随着"墨突不黔"这个典故，还有一个传说：

说的是墨子常年披星戴月，风餐露宿，辗转于列国之间，风吹日晒，风尘仆仆，结果他的脸面总是被晒得黝黑黝黑的，所以被人们称为"墨子"。墨，就是黑的意思。

当然，这只是后人出于想象，把他一生的状态跟他的名字联系起来，加以戏说而已。

还有一个说法，似乎也不是没有根据。墨的原意，是指使用绳墨的木匠。墨子小时候家里贫困，不仅做过放牧牛羊的牧童，还跟着手艺人学过木工，曾是一个心灵手巧的小木匠。人们称他为"墨子"，就是因为他是木匠出身，经常使用墨斗和墨绳。

自然，这也是后人出于善意的一种牵强附会。

据说，墨子当木匠时，因为肯用心学艺，木匠手艺出类拔萃。这也为他后来能成为建筑营造和城防方面的军事家，打下了良好的基础。

与墨子同时代，生活在滕州的，还有一位更出名的木匠艺人，就是后来被人们尊称为手艺人"祖师"的鲁班。

鲁班，又名公输盘。墨子和鲁班经常切磋手艺，两人既是老乡，又是好友，有时候还互为"对手"。我们在后面会讲到他俩的故事。

墨子
的故事

游学求知

游学求知

扫码听本篇

在墨子生活的时代,各诸侯国之间相隔得都不太远。如果国与国之间没有交恶,也没有发生战争,那么各国民众之间的往来,还是比较容易和频繁的。

有一年,周平王应鲁国国君的要求,派出掌管"郊庙之礼"的史官史角,到鲁国讲解和传授周朝的宗庙祭祀的礼仪和规制。

当时,鲁国国君鲁惠公看中了史角的才能,就把他留在了鲁国,史角的后代从此也在鲁国定居下来。从此,周朝那套用于治国理政的礼乐制度,还有宗庙祭祀的礼仪文化,渐渐在鲁国普及

和流传开来。

这个时期,年轻的墨子开始跟随史角的后人学习"周礼"。像当时所有会读书写字的儒生一样,墨子开始潜心攻读《诗经》《尚书》《仪礼》等儒家经典。

可是,随着诗、书、礼、乐等方面的学问的不断增长,墨子越来越清楚地发现,儒家所推崇的周朝那套礼制,实在是过于烦琐。用今天的话

说，就是把本来很简单的问题弄得复杂化、程式化，甚至故弄玄虚，使得形式大于内容。

渐渐地，墨子在心里对儒家的这一套学问产生了质疑。

墨子心想："这样一套烦琐的礼制，供那些衣食无忧、日子清闲的贵族消遣，倒也比较合适。可是，平民百姓哪里会有闲心和闲工夫应付这些繁文缛节呢？"

他不仅开始反思儒学存在的问题，而且利用一切机会表达自己的一些见解。

有一次，墨子遇见了一个比较熟悉的朋友。那个朋友是十分信服儒家学说的，是信念比较坚定的儒生。

不知怎么，年少气盛的两个人，谈着谈着就脸红脖子粗地争论了起来，而且争论的声音越来越高，就像是在吵架。

只听墨子大声说道："以我看来，儒家学说存在诸多弊端，不利于国家富强与百姓安定。"

"嚯，我看你是'小蛤蟆打呵欠——好大的口气！'凭什么这么说呢？"儒生反唇相讥道。

"凭什么？那我来讲给你听听。"接着，墨子掰着指头，从容不迫地说道："依我看来，它有四个致命的错误：一是儒家认为天是不明察的，鬼神是不灵验的，但在相信没有鬼神的情况下

大兴祭礼，这样一来，天帝和鬼神是会生气的，这足以使天下灭亡。二是儒家主张人死了要久丧、厚葬，不仅要用好的棺椁装殓，还要穿得体、符合

身份的衣服,并且把一些财物放在身边、埋在地下,家人还要服丧三年,甚至在此期间还得由别人搀扶着,拄着哭丧棒行走,这也足以使天下败亡。三是儒家主张弦歌鼓舞,一天到晚吹吹打打、歌舞娱乐,这有什么实际意义呢?难道不扰民误国,破坏百姓的安宁,扰乱百姓的心神吗?这也足以败亡天下。四是儒家认为贫富、夭寿都是命中注定的,不可改变,这同样也是自欺欺人,不也足以败亡天下吗?"

墨子的这一番话,说得十分犀利,句句扎心。

儒生听了墨子这一连串有理有据、鞭辟入里的分析和指责,虽然心里不免感到吃惊,但嘴上仍然不甘示弱,只能愤愤地说道:"你……你……你这简直是诽谤,是诬陷!你简直太过分了!"

"诽谤？诬陷？难道我说的不是事实吗？"

"不是，当然不是……"

"哈哈，我劝你不要再跟我争论了！"墨子不容儒生再说什么，就笑着打断了儒生的话，继续说道："因为我们是熟悉的朋友，我才不隐瞒自己的想法，跟你如实道来。你自己回去想想吧，儒家学说如果真的没有我所说的这四条错误，那就算是我在诽谤，可是偏偏实打实地有这四个错误呀。事实都摆在那里，怎么能说我是在诽谤、诬陷你们呢？"

最终，儒生被墨子问得一句话也说不出来，只好气鼓鼓地转身离开了。刚走了几步，他又回头说道："你把儒家学问说得这么不堪，那我倒是很想知道，你有哪些真才实学，能比儒家学问更好用、更实用呢？请你等着，改日我再来找你论辩，听听你有哪些了不起的学问。"

墨子毕竟是当过牧童、做过木工的,是平民出身,骨子里有着朴素的平民意识,凡事首先会想到"天下群百工"。所以,没过多久,他就厌倦了儒家推行的烦琐的周礼,进而彻底失去了学习儒家学问的兴趣。

不过,儒生临走时的那番话,好像也给了墨子当头一棒:

自己有哪些真才实学,能比儒家学问更好用、更实用呢?

是呀,既然儒家学问存在这么多问题,那有没有比儒学更好的学问呢?

墨子的脑海里,画上了这样一个大大的问号。

在鲁国，除了儒家学问，再也没有别的东西可学了。墨子思来想去，做出一个决定：暂时离开家乡，离开鲁国，到周边各国漫游一番，兴许能寻找到自己理想中的、比较实用的思想和学问。

于是，年轻的墨子开始了一段游学求知的岁月。

在四处漫游求学的过程中，墨子阅读并收集了许多前人留下的宝贵典籍。他知道，这些典籍里藏着他所要探究的学问。他下决心要把这些典籍都带回家，然后潜心研究，吸收其中的精华，进而形成自己的见解、思想和学说。

除了这样一些涉及治理国家、管理社会和爱护人民的政治典籍、哲学典籍外，墨子在四处游学期间，还留心收集了不少涉及营造、建筑、军事等方面的文献。

他十分清楚，一个国家要想让百姓享受太平日子，没有一定的军事实力是不行的。所以，这个时期，他也喜欢从一些兵书中揣摩作战的技巧，并且刻苦、勤奋地练习武艺。同时，他对建筑、营造、城防等方面的"护国重器"的制造原理，也特别留心和善加揣摩。

就这样，一套属于墨子自己的，与儒家学问完全不同的学问，正在渐渐地积累、形成和完善。

墨子的故事

游说列国

扫码听本篇

前面说过,从离开鲁国、四处游学求知开始,墨子就与星月为友,与风雨同行,辗转于列国之间。一路风尘仆仆,他的面容被晒得黝黑黝黑的。

后人也许就是根据这样的事实,在临摹墨子画像时,大都把他画成脸膛黝黑、孔武健壮的鲁国汉子形象。

墨子经过刻苦的学习、长年的游学,以及对大量前人典籍加以深入的钻研,渐渐形成了自己的一套见解和学说。

这时候,中国历史正处在春秋和战国交替的

时期，诸侯国之间的势力此消彼长，战争不断。凡是有战乱发生的地方，首先遭殃的一定是各国的百姓。无数青壮年男子被强征入伍，过早地丧失了生命，许多家庭因此妻离子散。田园荒芜，流民遍野，他们食不果腹，衣不蔽体……

战乱频繁造成民不聊生，这使许多有志之士对战争有了不同的看法。当然，不同阶层对战争的看法和态度，也不会相同。墨子毕竟来自小生产者阶层，一直怀有朴素的平民意识，从心底同情生活劳苦的"天下群百工"。所以对战争，墨子有了自己清醒的认识和见解。

简单地说，他把战争分为两类：一类是非正义的战争，他称之为"攻"；还有一类是正义的战争，他称之为"诛"。在对待战争的问题上，他立场鲜明：反对一切非正义的战争，拥护那些正义的战争。

面对战乱频繁的现实局面，墨子毅然决定揣着自己钻研形成的那些学说和思想，再度离开鲁国，踏上周游列国之路，奔走宣传自己的主张。当然，最理想的结果是，能让更多的人接受他对战争的见解和主张，不要随意动武打仗，应该停止一切非正义的战争。

于是，脸色黝黑、身体壮实的墨子，身着布衣，脚踏芒鞋，怀着一颗止战和济世的雄心，毅然踏上了艰辛的游说之路。

如果说他第一次离开鲁国，是为了游学求知，那么再次离开鲁国，踏上的便是一条游说的道路。

他希望能把自己的"非攻""兼爱"等主张广泛地传播出去，影响到更多的人，起到止战和济世的作用。

　　在墨子看来,以"攻"为目的的非正义的战争,其实是王公大人们为了一己之私、为了争夺更多的利益而发动的战争。这样的战争有百害而无一利,"贼虐万民"。使百姓遭殃的战争,是搜刮和掠夺百姓的财物而供王公大人们享乐的战争。

　　墨子在《非攻》篇里,用大量的事实,揭露了非正义的战争给全社会和天下百姓带来的祸

害。他形象地描述说,非正义的战争,往往都是带有攻击性的侵略战争。战争爆发在春天,就会耽误土地的耕种;战争爆发在秋天,就会耽误收获,白白糟蹋了粮食。还有,一旦爆发战争,农家的牛马和上了战场的士兵,都会有所伤亡。如果是攻入他国境内,免不了还会收割他国的庄稼,滥砍他国的树木,堵塞他国的河流,破坏他国的城池,烧毁他国的宗庙,杀死对方的士兵和牲畜。

即便是士兵没有被杀死，也避免不了被俘虏回来当苦力的命运……墨子认为，这样的战争是罪恶的战争，是应当被坚决反对的战争。

墨子还打了一个比方，来阐明自己对非正义战争的看法。他说，如果有一种药，一万个人吃了，只有四五个人被医治好了，而其他人都受到了药物之害，那么这种药，对百姓来说就是毫无益处的，只能是有害的。能在这样的战争中获利的，只有那些王公大人。

当然，墨子也并非毫无原则地反对一切战争，他反对的只是那些非正义的战争。

曾经有人质问他道："你认为攻伐的战争是不义的，那你说说看，从前禹王征讨有苗氏，汤讨伐桀，周武王讨伐纣，为什么这些人却又都被你称为'圣王'呢？这又是什么缘故呢？"

对此，墨子回答道："子未察吾言之类，未

明其故者也。彼非所谓攻，谓诛也。"意思是说：你这是没有弄清楚我对战争的分类，所以不明白其中的缘故。我所举的这几个讨伐的例子，并不叫作"攻"，而叫作"诛"。墨子说，像有苗氏、桀王、纣王这样的失德者，活该被诛，禹王、商汤、武王带领军队讨伐他们，是在替天行道、为民除害，因而也是正义的战争。墨子认为，为了天下太平、百姓安宁，正义的战争也是必不可少的。

当然，墨子关于"攻"与"诛"的战争见解，也有认识上的局限性。比如，他把战争的根源，归结为人们的"不相爱"，因而又提出了"兼爱"的主张。这样的认识，显然是较为天真和理想化的。实际上，当时战争的根源，主要存在于国家和社会的经济关系之中。但墨子对战争的认识，还没有达到这种程度。

别说是现在了，就是在墨子仗剑走天下、到处宣传"非攻"和"兼爱"主张的当时，也有不少人觉得墨子的见解有些幼稚和可笑。比如，当时有个名叫巫马子的人，就和墨子发生了一场针锋相对的辩论。到底是怎么一回事呢？

墨子
的故事

舌战对手

扫码听本篇

有一天，巫马子在路上拦住了行色匆匆的墨子。

巫马子显然是有备而来，带着嘲弄的口吻对墨子说："墨翟呀，你不是一直在极力推行'爱无等差'和'兼爱'的主张吗？可是这么多年过去了，我怎么也没有看到，天下的人因为你的主张而得到什么好处呢？"

"巫马子，你想表达什么意思，请明说吧，"墨子笑着说，"天色不早了，我还要赶路呢。"

"实不相瞒，我反对你提出的'兼爱'和'非攻'那一套主张，已经很长时间了。可是，你发

现没有,天下的人也并没有因为我的反对而遭受什么危害。"

"你的意思是说,你和我的主张与做法,都没对社会起到什么影响,对吧?"

"没错。既然如此,那你为什么还总是固执己见、自以为是,而且毫不妥协地要反对我呢?"

巫马子说到这里,脸上露出一丝自得的神色,料想墨子应该无言以对了。

墨子看了看巫马子,笑着说道:"巫马子,这话亏你说得出口!这个道理连几岁的小孩子都能明白,可你读了那么多的书,为什么还是这么糊涂呢?"

"什么?你觉得我糊涂?我哪里糊涂?"巫马子一听,有点儿急了。

"你先不要激动。我给你打个比方吧,"墨

子仍然是心平气和地笑着说,"比如现在,就是此刻,有人放火烧了你家的房子。有个人急忙提着水跑去灭火,但又有个人拿着火把,抱着劈柴,跑去助长火势……"

巫马子听得一脸茫然。

"虽然这两个人最终都没有达到目的,但就这件事看,你认为这两个人,谁对谁错呢?"

巫马子不假思索地说:"那还用说,当然是那个提着水跑去救火的人做得对呀!"

"看来你不是不明白呀!"

"那个举着火把跑去添加木柴的人,当然不是好人,他这是火上浇油,没安好心哪!"

"我要告诉你的,就是这个意思。"墨子哈哈大笑,用赞赏的口吻接着说道:"你其实并不糊涂。虽然他们两个人都没有达到目的,但孰是孰非、谁好谁坏,还是很容易判定的。回到你对

孰是孰非一目了然

我的质疑上来。我主张天下人'爱无等差',认为一切怨恨、争斗和战争,都是人与人之间'不相爱'的结果,而你却极力反对,几乎与我形成

了水火不容的紧张架势。虽然你和我的目的都没有实现，天下的人并没有因为我的主张而得到什么好处，也并没有因为你的反对而遭受什么危害，但孰是孰非、谁对谁错，不也是一目了然吗？"

"这……这……"巫马子顿时结结巴巴，不知道说什么才好。

"现在你该明白，我固执地坚持我的见解而反对你的那些说法的原因了吧！"墨子还是温和地笑了笑，接着说道："对不住，夜色已晚，我得往前赶路了，要是你还有什么解不开的疙瘩，我们改日见面再辩吧。"

"好吧，墨翟，还是你厉害！夜里赶路，道路崎岖难行，还望你多加小心呀！"

"放心吧，风餐露宿，披星戴月，我早已经习惯了。"

墨子孤独的身影，很快就消失在了越来越浓的夜色里。

在这里，我们需要简单地说一下，墨子提出的"爱无等差"和"兼爱"主张的实质内容。

战国初期，社会各个阶层的等级划分是十分鲜明的。等级制度最本质的特征，就是各阶层之间的不平等。由于长期存在的奴隶制度，加上不断的战争纷争，以及国与国之间阶层和势力的此消彼长，这种等级差别越来越大，其弊端也越来越明显。

针对这种弊病，墨子提出了一整套治国救国和消灭不平等的主张。

比如，他主张"兼相爱，交相利"，而不应该"交相恶"和"交相贼"。意思是说，统治者要以仁爱之心爱人，人与人之间应该相亲相爱、互利互补。同时，他还主张"非攻"，反对各国之间以强凌弱、以大欺小的兼并战争。

墨子认为，"人之与人之相贼，君臣不惠忠，父子不慈孝，兄弟不和调"，就势必造成天下大乱的局面。天下一旦大乱，那么百姓就会无辜遭受三大"巨患"，即"饥者不得食，寒者不得衣，劳者不得息"。因此，墨子极力主张，国与国之间尽量不要打仗；家庭成员之间尽量不要你争我夺；人与人之间尽量不要互相猜忌和互不信任；君王要给臣子实惠，臣子要对君王忠诚；当父亲的要慈祥，做儿子的要孝顺；兄弟之间要和睦相处。

墨子还认为，一个理想的社会，最好能做到：势力强大的，不欺负弱小的；人多势众的国家，不劫掠小国寡民；富人不要欺侮穷人，贵族不要蔑视贫苦的平民；头脑灵光的人，也不要

兼相爱，交相利

去欺骗老实巴交的人。只有这样的社会，才是理想中的平等社会。

在这里，我们还必须指出另外两点内容，小读者们也应该明白。一是墨子的"相爱"与"不相爱"的理念，是针对当时人与人、阶层与阶层之间不平等的现状而阐发的，与我们今天所说的道德含义上的相亲相爱并不能完全等同；二是墨子的相关主张，正是针对当时儒家的"爱有等差""仁者爱人"等观点而提出的，是对儒家学说的一种反驳和批评。

明白了这些后，我们也就能理解，墨子为什么要和巫马子进行那一番辩论了。巫马子作为儒家学者，极力反对墨子的主张。

墨子的故事

为人师表

扫码听本篇

孔子所创立的儒家学说，收获了众多的认同者，吸引了大批追随者。孔子还招收了许多门徒，史书上说他有三千弟子。用今天的话说，孔子所到之处，"粉丝"众多。这些"粉丝"，也在不断地帮着孔子传播和完善儒家学说。

墨子显然也懂得"一传十，十传百"的道理。所以，他在向人们推介和宣传自己的见解与主张的同时，也相继招收了一些慕名要求跟着他学习的弟子。

墨子的弟子中，比较有名的人物有禽滑厘、高石子、耕柱子、高何、弦唐子等。有了这些

"铁杆"弟子组成的团队力量，墨子的学说传播得更快，也更广泛了，渐渐形成了可与儒家学派相提并论的墨家学派。

墨子吸收了自己成长经历中的一些经验教训，在教导弟子们的时候，不仅要求他们勤勉地学习文化知识，还要求他们经常习武健身，学习武术和野外作战的方法与技巧。

"老师，您不是主张'非攻'吗？为什么还要我们学习野外作战的方法呢？"有的弟子笑着问道。

"世上有保家卫国的正义的战争，也有非正义的侵略战争。为师让你们学习武艺、强身健体，掌握一些作战方法，在关键时候，不仅可以保护自己的人身安全，还能更有效地阻止一些暴力冲突和非正义战争的发生啊！这也算是居安思危吧。"

墨子对弟子们的学习要求极为严格,时常勉励他们勤学上进。

曾有一个年轻人,打心眼儿里仰慕墨子的学问,很想拜墨子为师。这一天,这个年轻人来拜访墨子,说出了自己的想法和夙愿。

墨子见年轻人身体强壮,看上去也比较聪明懂事,便答应收他为弟子。墨子勉励他说:"你在这里一定要好好用功,多学些知识,将来如果有机会,我一定推荐你去为国家效力。"

年轻人听了非常高兴,在心里憧憬着自己的未来。

转眼一年过去了,年轻人忍不住问墨子道:"老师,我跟随您学习已一年了,不知您什么时候可以把我推荐出去?"

墨子微笑着说:"我暂时还不能推荐你。"

"为什么呢?我可是一直在心里盼着这一

天呢!"

墨子说:"你听说过这样一件事吗?在咱们鲁国,有一家兄弟五人,他们的父亲不幸病死了。可是,家中的长兄嗜酒如命,迟迟不肯将父亲下葬。这时候,四弟对大哥说:'你和我一起下葬了父亲,我一定给你买更多的酒喝。'长兄一听十分高兴,很快就和四弟一起下葬了父亲。办完丧事后,这个长兄对四弟说:'现在父亲已经发丧下葬,按照你的承诺,你应当买酒给我喝。'不料,四弟气愤地说:'我什么时候答应给你买酒喝了?你有责任安葬父亲,难道父亲是

我一个人的吗?你不安葬父亲,邻里乡亲必定会嘲笑你,而我劝你做了本来就应该做的事,让你避免了人们的说三道四和指指点点,我也尽了自己的孝心。你想想看,这难道仅仅是为了我自己获得一个好名声吗?你呀,应该好好反省一下自己,还有什么脸面让我给你买酒喝呢!'"

"老师,您的话……好重啊!"

"感觉到我的话有点重,就说明你已明白了其中的道理。你若是不好好用功学习,你的那些同窗好友一定会瞧不起你的。我劝你好好学习,全是为了你好,难道你也要因为会有酒喝才去学习吗?"

年轻人听到老师的这番话,满脸羞红,惭愧得恨不能找个地缝钻进去,连忙说:"请老师不要再说了,我完全懂得您的心意了!"

"志不强者智不达,言不信者行不果。"这

也是墨子对弟子们的教导。意思是说：意志不坚强的人，智慧不会很高；说话不讲信用的人，行动也不会那么果敢。

有一次，因为一件事，墨子朝弟子耕柱子发火了。

耕柱子问道："老师，难道我就一无是处，没有比别人好的地方吗？"

墨子又打了个比方，说："这么说吧，假如我要到太行山那边去，要用一匹良马或一头牛来驾车，你告诉我，选哪一个呢？"

耕柱子不假思索地回答道："当然要选用一匹良马了。"

"为什么要选用一匹良马，而不是赶一头牛上路呢？"

"因为良马行进快捷，值得我鞭策。"

墨子说："说得对！我也认为，你是一个可

以有所托付,能担得起重任的人,所以才愿意批评你啊。"

"老师,您批评得对,我心悦诚服。"

墨子对学生要求严厉,更是十分自律,做到言传身教、为人师表。哪怕是在风餐露宿、行色匆匆地遍游列国的传道途中,墨子也总是手不释卷、勤读不辍。

有一次,墨子带着弟子们到卫国去讲学和游说,马车上装载了不少卷册。他的弟子弦唐子觉

得奇怪，心想要赶路就专心赶路，带上这么多卷册，岂不是累赘？

"老师，一路上我们风尘仆仆，哪有工夫读书啊？您带这么多卷册有何用啊？"弦唐子忍不住问道。

墨子说："我听说，从前周公每天早上要读上百篇文书，晚上还要接见六七十个读书人，一起切磋学问，所以，周公才能成为知识渊博、政绩显著、深受百姓爱戴与群臣拥护的辅政典范。我呢，上没有国君委任的职务，下没有耕种田地的任务，如果连多读书都做不到，那我活着还有什么价值？所以，无论什么时候或场合，还是应该手不释卷，尽可能地多读一点书啊！"

弦唐子听了很是羞愧，赶忙取来一本书，埋下头读了起来……

墨子
的故事

深明大义

扫码听本篇

墨子心怀正义,又有学问,很快就得到鲁国国君的信任和认可,成了鲁国的重要谋士。不论是国事还是家事,也不论遇到什么疑问,鲁国国君都会虚心地向墨子请教。

当时,齐国的综合国力比鲁国强大,齐国一直觊觎鲁国,这让鲁国国君很没有安全感。

有一天,鲁国国君又向墨子请教道:"要怎样做才能避免齐国的进攻呢?天天这样提心吊胆地过日子,我寝食不安啊!"

墨子就列举了夏、商、周三代仁君与暴君的一些故事,最后告诉国君道:"对上要有敬畏心,

尊重上天，敬奉鬼神；对下要有仁爱心，爱护百姓，愿意拿出丰厚的财物，使用谦恭的辞令，与周边各国以诚相待，礼交四邻。只要鲁国国内能够做到上下同心，就能齐心协力地共同抵御齐国的侵略，解除您的心头隐患。"

鲁国国君点着头说："有道理，有道理啊！我怎么就没有想到这些呢！"

鲁国国君有两个儿子，一个勤勉好学，另一个却喜欢跟别人分享财物。国君不知将来该立谁为储君，便向墨子请教。

墨子对鲁国国君说："眼下仅仅凭着两位公子的这些表现，还真不好确定呢，他们也许是为了赏赐和名誉才这样做的。好比说，钓鱼的人弯着身子，也许并不是在感谢鱼的恩赐；舍得用虫子作为捕鼠诱饵的，也许并不是真的喜爱老鼠。"

"那该怎么办才好呢?"

"我建议您,把两位公子的动机和结果结合起来,再观察一番,然后再做决定吧。"墨子笑着说道。

有一次,墨子又从鲁国去往齐国,顺路去看望了一位朋友。

这位朋友劝墨子说:"现在,全天下没有几个人讲仁义和贤德了,只有你还在一心一意地笃信仁义和贤德,这到底有多大用处呢?况且孤掌难鸣,我劝你还是就此打住,改弦易辙吧。"

墨子说:"假如现在我们面前有十个人,只有一个人在耕种,其他九个人都在闲着,那么那个耕种的人就应该加倍努力才行。因为吃饭的人多,耕种的人少啊。"

"那他不是成傻子了?"

墨子继续说道:"你说得不错。现在,愿意讲究仁义、追求贤德的人,确实不占大多数。正因为这样,讲究仁义、追求贤德的人,应该更加努力才是啊!有几个人还在讲究和追求仁义贤德,总比一个人也没有要好吧?不然,天下岂不是更乱了吗?"

那位朋友听了,羞惭地说道:"看来,还是你想得明白,也深明大义啊!"

讲究仁义,追求贤德

墨子
的故事

以理服人

扫码听本篇

和那位朋友告别不多时,在前往齐国的路上,墨子又遇见了一个靠占卜为生的人。

"先生行色匆匆,是要去往北方吗?"那人问道。

"是的,去往齐国。"墨子如实相告。

"天色尚早,不妨在此稍加歇息。"

"好吧,正好我也口渴了。"

趁着在路边休歇、闲聊的时候,那个占卜的人端详着墨子黝黑的面容,故作神秘地对墨子说:"先生可知,今天是什么日子吗?"

"哦?什么日子?不妨说来听听。"墨子笑

着说道。

"历史上的今日,天帝在北方杀死了一条黑龙。看先生面色发黑,我以为万万不可往北方去。"

墨子淡淡一笑,没有再理会这个占卜之人,站起身,继续往前赶路去了。

不料,走到水流湍急的淄水边时,因为没船渡河,墨子只好怏怏地返了回来。

那个占卜的人见到墨子返了回来,不免得意地说:"我就说今日不能往北方去,你偏不信,这不,很快就应验了吧?"

墨子笑了笑,说:"照你这么说来,现在住

在淄水以南的人，不能往北去，住在淄水以北的人，也不能往南来。可是他们的肤色并不都像我一样，全是黑的，而是有黑的，有白的。为什么他们都不能如愿呢？难道是天帝分别在东、西、南、北杀死了青、白、赤、黑四条龙吗？如果真像你说的那样，岂不是全天下的人都不能出门，也就是禁止全天下的人走动了？如果真是这样，那显然是违背人心且空耗天下的做法。你懂得我说的意思了吧？"

占卜的人听了墨子的话，无言以对，知道再也诡辩不下去了，只好没趣地赶紧离开了。

这个占卜之人显然并不知道，墨子是一位喜欢深究自然物理、追求朴素的真理的学问家。用今天的眼光看，他是一位追求万物真相的科学家。对于天地自然，甚至是鬼神一类，墨子心里并不缺少敬畏感，但他具有朴素的唯物主义观

念，从来不会相信占卜、天命等迷信的见解。墨子认为，迷信对人们只有害处，没有任何益处。

比如有一次，墨子看见有人在用一些不同颜色的染料染丝。

墨子站在那里看了许久，最后发现了事实真相：把东西放进青色的染缸里，东西就变成了青色；放进黄色的染缸里，就变成了黄色。也就是说，染料变了，东西的颜色也就变了。

"看来，染丝要多加小心啊，稍不小心，染出来的丝就不是自己想要的颜色了。"墨子自言自语道。他又进一步想道："不光染丝是这样，一个国家及其国民，不也存在着染色的问题吗？"

从这件小事可以看出，墨子实际上是由染丝联想到了社会环境对人的影响。墨子的观点是，要想让自己的国民拥有好的素质，那就必须先使

整个国家和社会具有良好的环境和风气。

同时,墨子又认为,良好的社会环境和风气的形成,首先与一国之君的德行有关。

他曾列举了"楚王好细腰"的例子来说明问题:楚国国君楚灵王,喜欢身材高挑,特别是腰

楚王好细腰 宫中多饿死

肢纤细的人，所以，他的大臣和朝士们为了瘦身，纷纷节制饮食，一天只吃一顿饭。扎腰带时，往往还要深深地吸一口气，然后再束紧腰带。结果，人人孱弱到只有扶着墙才能站起身来。不到一年光景，满朝官员大多瘦骨嶙峋，因为饥饿而脸色黧黑。

墨子认为，上有所好，下必效之。倘若一国之君喜欢不健康的东西，那么上行下效，社会上这类不良现象就一定会泛滥成灾。

还有一次，墨子的两个学生治徒娱和县子硕向他请教道："请问老师，要想干一番正义的事业，什么是最重要的呢？"

墨子说："比方说吧，我们要砌一堵墙，该打夯就得打夯，需填土的就要填土，能拿标尺测量的就去测量，这样这堵墙才能砌起来。干正义的事业也是如此。善于论辩和说理的，就去论辩

和说理,能解说史书典籍的,就去解说史书典籍,擅长处理具体事务的,就去处理具体事务,这样就能干好一番正义的事业。"

墨子的观点是,要想成就一番事业,最重要的是,必须发挥出个人的长处,然后再齐心协力,通力合作。

又有一个名叫子禽的学生问道:"老师,我发现有的人确实是能说会道,雄辩滔滔。那么,多说话有好处吗?"

墨子笑着说:"这个问题问得好。不知你注意到没有,像蛤蟆、青蛙、苍蝇之类的,白天黑夜都叫个不停,哪怕叫得口干舌燥,也没有人听它们的;可是,雄鸡在黎明到来时准时啼鸣,鸣声一起,似乎全村子甚至全天下的人都会闻声而动。你说,多说话有没有好处呢?"

"老师,我好像懂了。"

"多说话不是都没有好处,重要的是,话要说到点子上,说得切合实际和时机啊。"墨子补充说道。

墨子的故事

攻守较量

扫码听本篇

战国初期,楚国的势力与其他小国相比,要强大许多。公元前440年前后,楚国凭着强大的国家实力,扬言要发兵攻打弱小的宋国。

这不仅是墨子所说的国与国之间的"相攻",而且明显是以强欺弱的侵略行径,是非正义的战争。

墨子在鲁国得到这个消息后,心急如焚。他一面吩咐大弟子禽滑厘,带上三百名多精壮的徒弟赶往宋国,去帮助宋国守城,一面赶紧准备在路上充饥的干粮,星夜兼程,赶往楚国。因为日夜兼程,墨子的鞋都磨烂了,他对此也毫不

在意。

十天后,墨子到达了楚国的国都郢城。他想用自己的主张,说服楚王放弃攻打宋国,阻止这场战争的发生。

见到楚王后,墨子开门见山地说道:"我听说,您要发兵攻打宋国,真有这回事吗?"

楚王说:"你的耳目真是灵通,不瞒你说,是真的。"

墨子说:"有一个人,舍弃了自己华丽的车子,而去偷窃别人的旧车;舍弃了自己华丽的衣服,而去偷窃别人破旧的衣服;舍弃了自己精美的饭菜,而去偷窃别人的糟糠食物。您说,这是一个什么样的人呢?"

楚王听了,不假思索地回答道:"那还用说,他肯定是有偷窃病。"

"贵国方圆五千里,地大物博,物产富饶;

而宋国呢，不但地域狭小，物产资源也贫乏得可怜。你们两相比较，就像华贵的车子与破旧的车子、锦绣华服与破衣烂衫的对比。您去攻打宋国，岂不是跟这个患有偷窃病的人一样吗？难道您就不怕因此丧失道义吗？失去了道义，就一定会失败的。我还听说，我的老乡，那位来自鲁国的能工巧匠公输般，为您制造了攻城用的云梯。您有

把握取胜吗?"墨子说。

傲慢的楚王扬起头说:"当然有!只要有了公输般做的云梯,宋国的城墙哪怕是铜墙铁壁,我也能攻破。"

墨子说:"恕我直言,那可不一定哪!如若不信,我们来推演一番。我来守城,您让公输般来攻城,您看看他能否攻得下来。"

楚王听了,立刻吩咐下面的人道:"我们满足墨子先生的要求,快让公输般到这里来。"

公输般就是鲁班。前面已经讲过,墨子和鲁班都是滕州人,两个人也是十分熟悉的朋友,墨子很尊敬鲁班。因为墨子少年时为生活所迫,做过牧童,也当过木匠,所以懂得像鲁班这样的民间手艺人,大都有着与人为善的艺德,也了解他们生活的艰辛。

对于墨子这样一位大学问家,鲁班更是欣赏

有加,打心眼儿里佩服。

曾有一次,鲁班用一些木头和竹片之类的东西,精心设计和制造了一只鹊鸟。只要开动一个机关,这只大型的"木鸟"就能飞动起来,跟一只活的大鸟一样。

木鸟在天上一连飞了三天都没落下来,四周的百姓都跑来围观,人山人海,大家惊讶得赞不绝口。为此,鲁班心里十分得意。

可是,墨子见到鲁班后,竟然给他泼了一瓢冷水,说:"请原谅我的直率,你做的这只木鸟,其实也没有巧到哪里去。"

"什么?你说什么?"鲁班没想到会有人小瞧他的得意之作,就颇不服气地大声说道:"这还不算巧吗?你也造一只给我看看呀!"

墨子说:"不客气地说,你这只木鸟,还不如车轴上的木销子灵巧。车轴上的木销子,几斧

子就可以砍出一个，虽然小巧，但插在车轴上却能承载五十石的货物。何为'巧'？至少应当是对人有用的。你制造的这只木鸟，飞得倒是挺高，可是到底有什么实际用处呢？对人无用，那就不是'巧'，而是'拙'。"

墨子的一番话顿时让鲁班瞠目结舌，无言以对。

还有一次，楚王派人来找鲁班，让他为楚国制造出一种用来舟战的钩拒。因为楚国境内多有大江大湖，只要打仗，就离不开舟船。

什么是"钩拒"呢？钩，就是在舟船后退时可以用来钩住的部件；拒，是在舟船前进时可以用来阻挡的部件。

结果，在与长江下游的越国爆发的一场舟船大战中，楚国因为有了钩拒，最终打败了越国。

为此，鲁班又是好一番得意，跑去见墨子，想在墨子面前炫耀一番。

只见鲁班满脸得意地对墨子说："我造的钩拒，在舟战时能够帮人取胜，不知你天天挂在口头上的'义''贤'和'兼爱'，是不是也有'钩拒'这样的作用？"

墨子只是淡淡地回答道:"算是让你说对了,我所说的'义'和'贤',还有'兼爱',也是有'钩拒'的,而且我的'钩拒',作用远远胜过你的'钩拒'。"

"真的吗?快说来听听,我倒是想开开眼界。"

显然,鲁班并不相信。

"我的'钩拒'是用来钩住道义和仁爱的,因为大家互相爱护,所以会彼此帮助。这正是我所说的'兼相爱,交相利'。你的'钩拒'就不同了!你钩别人,别人也钩你;你拒别人,别人也拒你,这是'交相钩,交相拒',是互相伤害,而不是'交相利',不是彼此帮助。你想想,如果所有的人不追求'交相利',那么必然会陷入'交相害'的局面。所以我说,我的'钩拒'远远胜过你的'钩拒'。"

鲁班听了墨子的讲解，仔细一琢磨，顿时心悦诚服，惭愧地说道："没见到先生的时候，我确实没有真正明白什么是'巧'和'义'，现在我总算是明白了。如果是不义的事，即使利再大，也不应该去干呀！先生是有大智慧之人，请原谅我的糊涂吧。"

与墨子的交往，让鲁班懂得了"天外有天，人外有人"的道理，懂得了不论什么时候，都应该虚心听取有智慧的人的教诲，取长补短，虚心学习。只有这样，手艺才能有所长进和不断提高。

眼下，楚国要攻打宋国，一旦战争爆发，势必又会带来一场生灵涂炭、哀鸿遍野的灾难。所以，墨子一定要想办法阻止这场战争。

不一会儿工夫，鲁班来了。见到墨子，鲁班不仅又惊又喜，而且对墨子的来意已经猜出了

几分。

墨子说:"都是老熟人了,客套话就不说了,来吧,我是守城方,你来进攻,咱们试一试,看你能不能攻下来。"

墨子说完,解下自己的衣带,围成一个城池的模型。

楚王说:"把你那些武器都用上,我就不信攻不下来!"楚王让鲁班动用了他制造出的各种攻城器械,来攻打墨子一方。

可是,面对墨子的防守,鲁班一连攻了九次,不断变换攻城的器械,但始终没有攻下城来。

直到最后,鲁班把他制造的攻城器械云梯也用上了,墨子守城的器械却还没有用完。

接着,两个人又互换了一下角色,换鲁班来守城,墨子攻城。墨子攻了九次,鲁班还是输了九次。

鲁班很不服气,扔掉手中的器械,笑着说:"我知道用什么办法对付你了,但我不说。"

墨子听了,也笑着说:"我知道你想用什么办法来对付我,但我也不想说出来。"

两人的对话,把一直站在旁边观看的楚王给弄糊涂了。

楚王不解地问墨子:"你怎么会知道鲁班对

付你的办法呢?"

墨子说:"鲁班的办法不过是杀了我而已。他以为只要杀了我,宋国就没人会守城了,殊不知我还有三百多名身体精壮的弟子。他们正拿着我制造的守城器械守卫在宋国的城头,就等着楚国来进攻呢。所以,即使杀了我,你们也攻不下宋城。"

楚王听后,大声说道:"妙啊,先生不愧为善于守城的军事家啊!好吧,你和鲁班都放心地回去吧,我决定不进攻宋国了。"

其实,鲁班和墨子一样,也是深明大义的人,也不想让无辜的百姓遭受战乱之苦。就这样,两个人一起制止了一场非正义战争。

墨子曾经这样启发鲁班,他说:"北方有个人欺负我,你是我的好友,我想借你的手去杀死他,然后给你十两金子作为报酬。"

鲁班面露难色，说："你又不是不知道，我也是一个讲道义的人，从来不胡乱杀人。"

"既然如此，那你为什么还要帮助楚国制造云梯，去攻打别的国家呢？"墨子说，"宋国本就没有罪，为什么要攻打它呢？你不去劝止楚王，反而助长他好战的野心，帮助他去杀害更多的人，这能算是讲道义吗？"

墨子的一番话，让鲁班羞愧难当。

从此以后，鲁班渐渐受到墨子兼爱天下、反对战争的主张的影响。他听从了墨子的建议，坚决不再帮人制造用于战争的兵器和工具，而是专心致志地琢磨生产和生活用具的创造发明，一心一意地为老百姓和劳动者造福与服务。

墨子
的故事

苦口良药

扫码听本篇

墨子成功地劝阻楚王攻宋后,还想趁热打铁,向楚王宣传自己的主张,让他彻底改变对外发动战争的想法。于是,墨子就向楚王呈递了一封书信,陈述了自己的观点。

楚王看了墨子的书信后,表面上恭维了一番,最后却又委婉地拒绝了墨子的建议。楚王表示,如果墨子愿意到楚国来居住,他愿意给墨子提供生活所需,但是对墨子提出的一些建议,他不想采纳。

墨子明白了楚王的意思后,谢绝了楚王邀他来楚国居住的好意,然后又对楚王说道:"我听

说，贤德的人向君主建言，如果得不到采纳，是不会接受任何赏赐的。我的建议不能为您所用，我就不该待在您的朝堂。所以，还是请您让我离开楚国吧。"

墨子想在辞别前再见楚王一面，楚王以自己年老了、行动不便为借口，派大臣穆贺代替自己接见了墨子。

墨子见到穆贺，就把自己想面陈楚王的话，对穆贺说了一遍。穆贺听了很是高兴，对墨子说道："以前我并不太了解您的学说，现在听您这么一说，我觉得您的学说真是博大精深，令人心悦诚服呀！不过，楚王是一国的君主，地位至尊至贵，他对一般的学说和主张都不怎么感兴趣。他心里也许会想，这是一个无足轻重的人出的主意，采纳或不采纳都无关紧要，所以还是不采用吧。"

墨子说:"楚王内心是怎么想的并不重要,只要他肯采纳我的那些建议,就是好的。这就好比是治病的草药,如果一棵草药的草根,君王吃了可以治好病症,那么怎么能因为它是草根而拒绝呢?"

墨子见穆贺有点疑惑,就进一步讲道:"这么说吧,就算人有贵贱之分,不管是贵人还是平民,只要他的主张有可取之处,就应该采纳。怎么能因一个人出身卑微,就拒绝采纳他的一些善意的、合理的建议呢?我刚才打了个草药的比方,草药可以治病,就算是一位君主,能因为它是一棵草就拒绝吃它吗?再比如说,老百姓向国君交纳粮食,国君用它酿造美酒,然后用来祭祀祖先。难道能因为粮食是普通的农夫种植和收获的,就不用它吗?想必楚王也知道商汤的故事吧?从前,商汤去见伊尹,彭氏之子为他驾车。

走到半路上,彭氏之子问道:'国君要到哪儿去呀?'商汤说:'要去见伊尹。'彭氏之子说:'伊尹不过是个平凡的人,如果您想见他,下令召他来便是,何必要亲自去呢?'商汤笑着说:'看来,这其中的道理,你是不明白的。假如现在有一种药,吃了能使人耳聪目明,人们一定会争相吃它。这个伊尹,不就是这样一副好药吗?你不让我去见伊尹,就是不让我从善呀!'于是,商汤辞退了彭氏之子。由此可见,圣明的君主是不会因为一个人地位卑微而轻易抛弃他的,相反,只要一个人有智慧、有才能,哪怕出身低微,也是应该得到重用的。回到楚王身上来,楚王不是也想有所作为,也想做个圣明的君王吗?我劝他还是多听听来自平民百姓的意见吧!"

墨子说完这番话,就与穆贺道别,离开了楚国。

墨子
的故事

兼爱止战

扫码听本篇

楚国有一位大臣,是楚平王的孙子公孙宽,因为在鲁阳(今河南鲁山)得到封地,人称"鲁阳文君",又称"鲁阳文子"。他向楚王进言道:"这位墨子先生,在鲁国为人所推崇,他来辞别,您既不跟他见面,又不送给他一些礼物,这……似乎有点不近人情,是一种轻慢士人的做法。"

楚王听了,就赶忙派鲁阳文君出城追赶墨子,还想用土地封赏来挽留墨子,但墨子坚辞不受。墨子高洁傲岸的品德,令鲁阳文君不由得在心里又生出几分敬意。

后来,墨子听说鲁阳文君想派兵攻打郑国,

便再次披星戴月地赶到楚国，面见鲁阳文君。

墨子以鲁阳文君封地内的各个小国互相攻伐为例，向鲁阳文君说明了大国侵略小国的非正义性和严重后果。随后，墨子质问鲁阳文君道："如果真的面临这种情况，您打算怎么办？"

鲁阳文君说："我一定重重地处罚他们。"

墨子说："这道理既然您都明白，那你为什么要去攻打郑国？"

鲁阳文君说："你为什么要阻止我攻打郑国呢？难道您不知道吗？郑国人连续三代都杀害他们的国君，连上天都降罪于他们，我这是替上天去惩罚他们。"

这时候，墨子又以父亲鞭打儿子的故事为例，劝说鲁阳文君道："假使一个父亲在鞭打儿子，邻居们也赶紧跑来一起鞭打，还美其名曰'帮忙'，是替上天惩罚这个有错的儿子，这不是

违背常理吗?您能接受这种逻辑吗?"

鲁阳文君听了墨子的话,沉默了许久,最终接受了墨子的建议,放弃了攻打郑国的念头。

墨子运用"兼爱"和"非攻"的主张与学说,不止一次地阻止了诸侯国之间即将发动的战争。

还有一次,齐国准备发兵攻打鲁国。墨子听说后,也是连夜赶到齐国。见到齐王,对他说道:"您难道不晓得这个道理吗?凡是发动战争的,最终都将祸及自身,刀子一定会落到自己头上。"

齐王诧异地问道:"真是这样吗?"

墨子说:"这就好比说,现在有人拿了一把刀,想用人头来试试刀子是否锋利。如果手起刀落,人头落地,您认为这把刀是否足够锋利?"

齐王说:"当然锋利。"

墨子又说:"如果继续以更多人来试刀,手起刀落,人头落地,便可说明这刀子还是锋利,

没错吧?"

齐王说:"没错,很锋利。"

墨子又说:"刀子是足够锋利了,可是您想过没有,是谁身受其害呢?"

齐王说:"那还用问?当然是被用来试刀的人了。"

墨子说:"由此类推,如果发动战争,兼并他国,横尸遍野,血流成河,最后是谁来承受灾祸呢?"

齐王听到这里,顿时沉思不语。

过了好半天,齐王恍然大悟道:"我是国君,最后还是我来承受这些灾祸呀!我明白了!好吧,你放心回鲁国去吧,我决定不发兵攻打鲁国了。"

又有一次,墨子听说鲁国要发兵攻打郑国。

墨子赶忙放下手上的教学事务,跑去求见鲁

国国君,对他说道:"请问君王,现在如果在鲁国境内,大城攻小城,大家族打小家族,老百姓互相屠杀抢掠,您觉得这样可以吗?"

"这怎么可以呢?鲁国境内,大小城镇、家家户户,都归我管辖,都是我的臣属,谁敢这样做,我一定会严厉地惩罚他们。"

墨子说:"说得对呀!能有力量拥有全天下的才是天子,就像您拥有四境之内的百姓和土地一样。现在您要发兵攻打郑国,是因为郑国不肯称臣吗?"

鲁国国君不高兴地说:"你为什么要阻止我攻打郑国呢?我攻打郑国是顺从上天的旨意,郑

人三世内乱，上天要惩罚他们，我只不过是协助上天去诛罚他们。"

墨子说："原来您想攻打郑国，是借口顺从天意，替天行道，帮助上天讨伐罪人。我打个比方吧。比如，有个人的儿子很不听话，这个人很生气，便用木棍抽打儿子。这人的邻居看见了，也跑过来，抄起一根木棍，和他一起抽打他的儿子，一边打一边口口声声地说：'我打你，是顺从你父亲的心意。'您不觉得这太荒谬了吗？"

鲁国国君听了墨子的比方，顿时无话可说，于是也打消了想要攻打郑国的念头。

墨子
的故事

舍利求义

扫码听本篇

随着墨子的影响力和人格魅力越来越大,越来越多有追求的年轻人拜在了墨子门下,成为墨子的弟子。其中有不少人,还是具有自然科学知识和器械制造能力的人。当时,人们尊称他们为"墨者"。

墨子不仅自己到处奔波,宣传和推广"兼爱"的主张,也让众多弟子分头到各国去游说。

墨子派弟子公尚过去越国游说。越国国君听了公尚过的一番话,好奇心大增,就让公尚过带上越国使者和赠送的车马,回去邀请墨子前来越国。见到墨子后,公尚过喜滋滋地说,越国国君

还愿意拿出一些土地来作为封赏。

可是，墨子听后，脸上没有半点高兴的神色，只是淡淡地说道："我们去越国游说，可不是为了得到土地的封赏，而是看越王是不是真正听从我们的建议。"

听老师这样一说，公尚过立刻羞惭地低头不语，转身就找了个借口，把同来的使者打发回越国去了。

高石子是墨子的一位朋友兼弟子，很有才干。墨子欣赏他的才干，就把他推荐给了卫国国君。

卫国国君很高兴，答应给予高石子很高的俸禄，还给了他卿大夫的职位。

高石子多次对国君提出一些治国理政和富民的主张。每次上朝进言时，卫国国君都认真、虚心地听着。

可是，高石子观察到，自己提出的一些主张，卫国国君倒是认真听了，但就是一点也没有付诸实践。高石子觉得自己的话是白说了，看来卫国国君并没有那么信任自己。于是，高石子不辞而别，离开卫国，去往了齐国。

这时候，墨子正巧在齐国讲学。墨子见到高石子，惊讶地问："你不是在卫国任职吗？怎么跑到齐国来了？"

高石子见到墨子，就对墨子大吐苦水道："卫国国君啊，因为您的推荐，给予了我相当高的俸禄和地位，应该说待我不薄。可是，我多次上朝进言，国君虽然每次都会认真地听，却一次也没有采纳。我想，既然他不信任我，我也不为他所用，我还留在那里干什么呢？我可不想在那里吃闲饭，所以，我就离开那里，来到了齐国。"

"原来是这样啊！"墨子听后略加思索，心里

似乎明白了几分。

"我这一走,也许卫国国君会认为我心高气盛,有些狂傲吧。"

墨子说:"如果你离开卫国有自己的道理,那么即使被别人认为是狂傲之人,又有什么好在意的呢?从前,周公旦在世时,人们都说他是

个高傲的狂人,但后世之人却一直在称颂他高尚的德行,他的美名流传至今。所以,依我看来,如果你离开卫国有道理,就不要担心别人说什么。"

高石子说:"我离开卫国,肯定是有我自己的道理的。我听人说,天下无道,有志气的人是不贪图名利的。现在卫国国君无道,我要是不离开,不正好说明,我是贪图俸禄和地位才留在卫国的吗?我是不是那样的人,您是最清楚的,我为什么要背负那样难听的名声呢?"

"你说得对,做得也正确。"墨子听了高石子的一番话,更加相信,高石子身上有士人清高的气节。

"老师,您一直很欣赏高石子,看来您果然没有看错人啊!"站在墨子身边的一个学生说道。

墨子点了点头，对众多学生说道："高石子的一番话，你们也都听到了吧？我时常听闻，某某人是背弃仁义和尊严而一心追求名利的人，还从没见到过愿意舍弃名利而一心追求仁义和尊严的人。现在，我在高石子身上看到了，你们都应当像他这样，要懂得舍利求义啊！"

墨子
的故事

真理永存

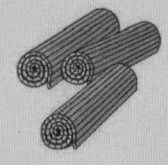

扫码听本篇

墨子一生都在为宣传和推行自己的主张而到处奔走、游说,不仅饱尝艰辛,甚至还差点付出生命。

墨子曾做过宋国大夫,受到宋国国君的器重。可是,当时宋国有一个名叫皇喜的人,野心勃勃。有一年皇喜铤而走险,竟然杀害了宋国国君,自立为君,掌握了宋国的政权。

不过,皇喜这个国君毕竟当得很不光彩,甚至是十分卑鄙,所以他总是担心,自己会受到一些学者和士人的非议。墨子在当时是受到普遍尊敬的大学者,皇喜心里对墨子自然有所惧怕,时

常防备着墨子。

有一天，皇喜竟然找了一个不正当的理由，把墨子囚禁了起来。

幸好不久，墨子又被释放了出来。

当然，这场遭遇也并没有让墨子屈服。他明白，要想追求真理，就不能没有任何代价。所以，他依然满怀信心地朝着自己所追寻的目标奔去，风雨兼程，无畏无惧。没有任何力量和诱惑，能阻挡他坚定的脚步。

到了晚年，墨子没有精力再到处奔走，就在家乡专心为弟子们讲学、授课，诲人不倦。所以，墨子也是一位了不起的教育家。

墨子的弟子很多，如禽滑厘、高何、县子硕、公尚过、高石子、耕柱子、弦唐子等，都深受墨子器重，是墨子的得意门生。

因为墨子出身于下层平民，还当过牧童、木

匠,练过武艺,尝过艰辛的滋味,所以他的学说和价值观里,包含着朴素的平民意识。他反对儒家学派的"仁者爱人"和"爱有等差"的等级观念,反对儒家推行的那套烦琐的礼节,这与当时下层平民的心灵需求保持了一致。

墨子注重劳动和实践,他的学说里包含了许多来自日常生活、具有实用性的智慧和技巧。因此,他也是那个时代杰出的哲学家和科学家。作为哲学家,他在逻辑学方面,首次提出了"类"和"故"两个重要的逻辑概念。

"类",就是类别、分类的意思。墨子认为,可以按照事物性质的异同,把所有的事物分成各种"类",以便在思维过程中更准确地把握各种事物的本质。

"故",就是原因的意思,也就是逻辑上的理由。墨子认为,凡事都要弄清它的"故",即找

到它的原因，只有理由充分、准确，才能保证思维和道理的准确性与可信性，不然思维就会陷入混乱。

墨子作为科学家，我们在本书开头已经讲到，他在几何学、物理学、光学、天文学、运动学和机械制造等方面，都有所建树，揭示了许多先进的科学概念，甚至形成了一整套科学理论。

在生命最后的日子里，墨子仍然孜孜不倦地教导弟子们，要为道义坚持下去，不能因为一时的挫折而放弃。他的弟子里面，有不少人是当时具有自然科学知识和器械制造能力的人。这些弟子当时被人们尊称为"墨者"。墨子去世后，这些弟子继承了老师的遗志，也经常分头到各国去游说、传道，宣传墨家的主张，并且也都受到了各国民众的尊重。

两千多年后的今天，墨子的智慧和科学思

想，已经成为中华传统文化和中国古代科技进程中的宝贵财富；他与同时代的滕州老乡鲁班各自的一些发明与创造智慧，也成为中国古代劳动人民勤劳智慧和"工匠精神""科学精神"的象征。两个人的智慧结晶，都成为古代中华民族留给后世的宝贵财富。

两千多年前的墨子，在今天的中国，乃至在全世界，仍然拥有无数的推崇者。

潘建伟院士和他的团队，就是墨子科学思想的一群超级追随者。

潘建伟院士在名为"墨子沙龙"的一场学术讨论会上，表达过这样的意思：战国时期，出现了一大批圣人先贤，有些圣人通过自己思考，就可以实现人生的追求，知道世界是怎么样的。墨家学说并不完全赞同儒家学说，孟子也曾批评过墨子的主张。很可惜，在秦朝，墨家学说受到了

压制。到了汉朝，儒家学说处于正统和主导地位，因为墨家是反对儒家的，所以墨子的一套理论，对于相对边缘的地位。潘建伟院士认为，这是非常可惜的，科学本身在当时的中国没有得到很好的发展；中国古代伟大的科学家提出的东西，等到上千年之后，才被西方世界重新发现。

因此，墨子不仅成为潘建伟院士心中代表中华传统文化思想与科学智慧的一个符号，更是他所从事的量子科研领域的一种象征。

走进他们团队所在的研究院办公楼底楼大

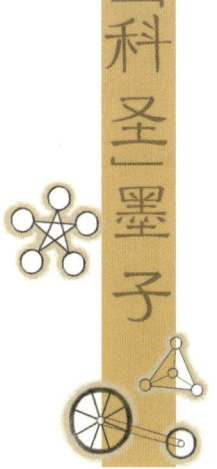

"科圣"墨子

厅，可以非常清楚地看到，在石灰岩装饰的两面墙上，分别挂着东西方古今一些最伟大的科学先贤的画像。其中占据核心位置的，就是"科圣"墨子。而爱因斯坦、普朗克的画像，只能挂在"科圣"墨子之后。然后是祖冲之、沈括、张衡和玻尔、薛定谔、费曼这些科学先贤。

可见，墨子这位中国古代科学家，在潘建伟院士和他的研究团队心中，有着多么崇高的地位。

图书在版编目(CIP)数据

墨子的故事 / 徐鲁著 ; 书小宇绘. -- 济南 : 山东文艺出版社, 2025.5. -- (我的古代科学家朋友).
ISBN 978-7-5329-7384-2

Ⅰ. B224-49

中国国家版本馆 CIP 数据核字第 2025M8E779 号

墨子的故事

MOZI DE GUSHI

徐鲁 著 书小宇 绘

主管单位	山东出版传媒股份有限公司
出版发行	山东文艺出版社
社　　址	山东省济南市英雄山路 189 号
邮　　编	250002
网　　址	www.sdwypress.com

读者服务　0531-82098776（总编室）
　　　　　0531-82098775（市场营销部）
电子邮箱　sdwy@sdpress.com.cn

印　　刷	山东华立印务有限公司
开　　本	890 毫米 ×1240 毫米　1/32
印　　张	4
字　　数	80 千
版　　次	2025 年 5 月第 1 版
印　　次	2025 年 5 月第 1 次印刷
书　　号	ISBN 978-7-5329-7384-2
定　　价	29.00 元

版权专有，侵权必究。如有图书质量问题，请与出版社联系调换。